Gewohnheiten glücklicher Menschen:

Wie Sie dauerhaft ein glücklicheres und erfüllteres Leben führen.

Simone Kerber

Inhaltsverzeichnis

Einleitung

Obwohl die Meisten von uns verstehen, was Glück bedeutet, bleibt der Begriff des Glücks in der wissenschaftlichen Forschung doch noch immer ein Rätsel. Es ist schwer, eine Definition des Glücks zu finden, ohne dabei überflüssige Worte zu wählen oder sich zu wiederholen (z.B. „das Gefühl des Glücklichseins"). Ebenfalls ist es unklar, inwiefern sich das Glück von den Konzepten Zufriedenheit, Dankbarkeit und Freude unterscheidet.

Trotz der Schwierigkeiten und der Verwirrung, die einen bei einer wissenschaftlichen Herangehens- weise an das Thema Glück begegnen können, gibt es doch die eine einstimmige Erkenntnis im Bereich der Glücks- oder positiven Psychologieforschung, dass Gewohnheiten und deren Herausbildung eine große Rolle spielen. Die Psychologie definiert hierbei Gewohnheiten als eine besondere Art von Verhaltens- oder Gedankenmuster, die durch wiederholte Erfahrung erlangt wird. Einfacher ausgedrückt ist es etwas, was wir automatisch und aus Routine tun.

Der Knackpunkt an Gewohnheiten ist der, dass sie weitestgehend automatisch ablaufen, ohne Beteiligung unseres Bewusstseins. Man kann natürlich bewusste Schritte unternehmen, um seine Gewohnheiten zu ändern, aber sofern sie nicht durchbrochen werden, bestimmen sie in bedeutendem Maße unser Verhalten und unsere Gedanken. Wir alle haben Angewohnheiten, die uns unseren Alltag diktieren, ob wir nun immer die Tür abschließen, wenn wir die Wohnung verlassen oder zum Essen Besteck benutzen statt der Finger.

Der Automatismus von Gewohheiten ist ihre größte Macht, und damit auch ihre größte Gefahr. Wenn wir „schlechte Angewohnheiten" haben, können wir unbewusst in Verhaltens- und Denkweisen verfallen, die uns das Leben schwer machen und sogar gegen unser Interesse handeln. Man kann sich zum Beispiel angewöhnen, sich zu überessen, wenn es einem schlecht geht oder mit dem Auto zu fahren, wenn man das Ziel problemlos zu Fuß erreichen könnte. Darüber hinaus kann man ein ganze Strukturen an schlechten Angewohnheiten entwickeln, wie z.B. Hinauszögerung und Negativismus, und damit nahezu alles torpedieren, was man tut.

Angesichts der Tatsache, dass Gewohnheiten zum größten Teil automatisch sind, ist es unglaublich schwer, sie zu korrigieren. Ständige, bewusste Aufmerksamkeit und Disziplin sind nötig, um sein Verhalten zu korrigieren, sobald man sieht, dass man in die schlechte Gewohheit zurückfällt.

Andererseits sind gute Gewohnheiten einfach großartig. Wer das Glück hat, Gewohheiten zu entwickeln, die ihn körperlich fit, geistig gesund, erfolgreich im Beruf und selbstsicher im Zwischenmenschlichen machen, kann nicht nur erreichen, was er oder sie will, sondern es ganz von selbst tun. Sie haben richtig gehört: gute Angewohnheiten führen nicht nur zu guten Ergebnissen, sondern sie tun das auch ohne irgendwelche Anstrengungen von Ihrer Seite, weil Gewohnheiten ihrer Natur nach automatisch funktionieren.

Die wissenschaftliche Forschung und der gesunde Menschenverstand kommen also somit langsam darin überein, dass die Entwicklung von Gewohnheiten der Schlüssel zum Glück sind. Wenn wir also bewusst gute Gewohheiten entwickeln und uns ohne Mühe dazu bringen können, was wir wollen, ohne Anstrengung, Disziplin oder gar bewusstem Aufwand, dann scheint das Glück durchaus eine erreichbare Sache zu sein.

Der Trick an der Sache liegt eher darin, gute Angewohnheiten zu entwickeln anstatt sich schlechte abgewöhnen zu wollen. Es ist unglaublich ähnlich, sich anzugewöhnen, immer Obst zu essen, wenn man zwischendurch Hunger hat, anstatt dabei immer Chips zu essen. Beides führt zu weniger Kalorienzufuhr und einer gesünderen Ernährung. Sich etwas Gutes anzugewöhnen hat aber darüber hinaus den Vorteil, dass man sich dabei besser fühlt und beseitigt die schlechte Angewohnheit, in diesem Fall das Chipsessen, ganz nebenbei.

Es reicht allerdings nicht aus, zu wissen, dass gute Angewohnheiten der Schlüssel zum Glück sind. Man muss auch wissen, welche Angewohnheiten wirklich „gut" sind, um ein Bild davon zu haben, worauf man hinarbeiten sollte und worauf nicht. Ein häufiger Fehler ist es, sehr hart an einem Ziel zu arbeiten, wie z.B. abzunehmen oder produktiver zu werden, aber eben auf falsche Weise, beispielsweise durch harte Disziplin allein oder mit unrealistischen Zielsetzungen. Indem sie an einer falschen Methode oder einer schlechten Angewohnheit zum Erreichen eines wünschenswerten Ziels festhalten, geraten Viele in den Teufelskreis, nicht zu erreichen, was sie wollen und sich so ständig unzufrieden zu fühlen.

Dieser Ratgeber soll Ihnen ohne viel Umschweife darlegen, was die Wissenschaft über die Gewohnheiten glücklicher Menschen herausgefunden hat und Ihnen dabei erklären, wie und warum diese Gewohnheiten Ihnen helfen können, das Glück zu finden.

Kapitel 1 – Dankbarkeit

Dankbarkeit, die Eigenschaft, Dinge schätzen zu können, ist eine der Angewohnheiten, die man bei allen glücklichen Menschen durchweg beobachten kann. Das ergibt auch oberflächlich betrachtet Sinn: wenn jemand glücklich ist, muss es ja schließlich eine Menge Dinge in seinem Leben geben, für die er oder sie dankbar ist. Es kann also gar nicht anders sein, als dass das Glück Menschen dankbar macht.

Die Glücks- und Dankbarkeitsforschung geht allerdings eher davon aus, dass es sich genau andersherum verhält: wer dankbar ist, wird dadurch automatisch glücklicher. Ebenso scheint es, dass man unabhängig von den tatsächlichen Lebensumständen Dankbarkeit zeigen kann: die Reichen ebenso wie die Armen, Todkranke ebenso wie Kerngesunde. Jedermann- und frau kann von ein bisschen Dankbarkeit sehr profitieren.

Neben den Glücksgefühlen und anderen positiven Empfindungen, die Dankbarkeit mit sich bringt, führt sie auch zu besserem Schlaf, größerem Einfühlungsvermögen und Freundlichkeit gegenüber Mitmenschen und komischerweise sogar zu einem stärkeren Immunsystem. Wer also nach seine Lebensqualität zu verbessern sucht, ist wohlberaten, als ersten großen Schritt dahin Dankbarkeit zu lernen.

Wie aber gewöhnt man es sich am besten an, dankbar zu sein ? Zunächst einmal muss man dafür verstehen, dass man sowohl für die großen Umbrüche im Leben, aber auch für die kleinen Dinge, die oft als trivial abgetan werden, dankbar sein muss. Alles Gute in Ihrem Leben, von der Geburt eines neuen Kindes über ein wohlschmeckendes Mittagessen bis hin zu einem Lottogewinn oder einfach einer Stunde voll entspannendem Nichtstun sind Gründe, dankbar zu sein. Glückliche Menschen rufen sich alle kleinen Freuden und guten Seiten ihres Lebens ins Gedächtnis und genießen sie, wenn sie da sind, aber auch, wenn sie sich daran erinnern.

Dankbarkeit sollte aber auch, wie schon bereits erwähnt, unabhängig von den herrschenden Lebensumständen geübt werden. Ob man nun viel hat oder wenig, sollte Dankbarkeit daran gemessen werden, wie das Leben derzeit ist. Die Konsumsucht und die westliche Gesellschaft treiben Menschen immer dazu, mehr zu wollen, und das Glück wird dabei als Erfolg in jedem möglichen Ziel angepriesen.

Dieser tief im westlichen Denken verwurzelte und eingeborene Fehler im westlichen Denken wird oft fälschlicherweise als Materialismus gedeutet, sodass viele Menschen behaupten, keinerlei Probleme mit ihrer Sicht auf das Leben zu haben, da sie sich nicht als fixiert auf materielle Dinge begreifen. Es scheint aber eher so zu sein, dass nicht Materialismus das Problem ist, sondern das stete Streben nach etwas Anderem oder etwas mehr, sei es das Aufsteigen in der Karriereleiter, sportlicher und attraktiver zu werden, „erfolgreicher", beliebter usw. Dieses Streben ist allerdings natürlich oft auf materielle Dinge gerichtet, wie ein neues Smartphone, ein neues Auto, ein größeres Haus, was auch schon tausendfach angeklagt worden ist.

Wenn wir diese Ziele, die wir uns gesetzt haben, nicht erreichen, empfinden wir uns als Versager und reagieren gereizt, verärgert und apathisch auf unser Leben. Wenn wir aber die Ziele erreichen, nach denen wir streben, werden wir oft von einem neuen Ziel eingenommen oder finden, dass das Glück vom erreichten Erfolg abhängig ist. Es bringt zwar oft einen großen Nutzen, auf bestimmte Ziele hinzuarbeiten, aber die westliche Geisteshaltung scheint doch oft in allem nur eine Niederlage zu sehen, und das Erreichte macht uns niemals glücklich, unabhängig von Erfolg oder Misserfolg. Dankbarkeit scheint hier das geeignete Gegengift zu sein.

Zudem und darüber hinaus müssen Sie sich, um sich Dankbarkeit anzugewöhnen, ständig bewusst machen, wofür sie im gegenwärtigen Moment dankbar sein können. Es gibt viele Aspekte unseres Lebens, von denen wir wahrscheinlich schon gemerkt haben, dass wir für sie dankbar sein können, wie z.B. unsere Familie und Freunde, die Freiheit, mit unserem Leben tun zu können, was wir wollen, die Tatsache, dass wir in relativer Sicherheit und ohne Angst um unsere Sicherheit und körperlichen Bedürfnisse leben können und dergleichen mehr. Es scheint aber nicht auszureichen, sich diese Faktoren allein immer wieder ins Gedächtnis zu rufen, um eine Flamme echter Dankbarkeit zu entfachen.

Stattdessen beruht Dankbarkeit darauf, die Bereiche Ihres Lebens zu beobachten, die Ihnen Spaß und Freude bereiten, während sie stattfinden und über das Erlebte nachzudenken, wenn es geschieht. Von einer frischen Brise über eine gute Tasse Kakao, ein Essen mit Freunden oder einem Spaziergang in der Natur nimmt Dankbarkeit am ehesten feste Gestalt an, während diese guten Dinge passieren.

Sobald Menschen anfangen, in der Kunst der Dankbarkeit mehr und mehr an Tritt zu gewinnen, zeigt sich Forschungen zufolge auch, dass es ihnen immer leichter fällt, für kleinere und größere Dinge dankbar zu sein, sodass Dankbarkeit schließlich Teil ihrer Lebensperspektive wird und auf beinahe alles, was sie tun, angewandt wird.

Zudem gibt es noch andere Tricks und Kniffe, um Dankbarkeit zur festen Gewohnheit werden zu lassen. Ein Dankbarkeitstagebuch beispielsweise, in dem Sie alles aufzeichnen, wofür Sie an jedem einzelnen Tag dankbar sind, kann Ihnen helfen, sich der kleineren, profaneren Bereiche Ihres Lebens bewusst zu werden, die Dankbarkeit verdienen. Ein Dankbarkeitstagebuch kann auch dann konsultiert werden, wenn Sie einen Mangel an Dankbarkeit fühlen oder merken, wie eine negative Energie über sie kommt.

Der Dankbarkeit Realismus gegenüberzustellen scheint die Dankbarkeit auch eher zu stärken, als sie zu schwächen. Ein weitverbreiteter Fehler ist es, wenn Dankbarkeit bedeutet, sich dazu zwingen zu wollen, sich für etwas dankbar zu fühlen, wenn wir uns schlecht fühlen oder für etwas, was wir eigentlich als negativ wahrnehmen. Sofern Sie aber einen ausgeglichenen, klaren Verstand behalten, können Sie immer noch dankbar sein, ohne zu ignorieren, was direkt vor Ihnen liegt. Zerlegen Sie Ihre Gedanken in das, was schlecht ist, was passabel und wofür sie dankbar sein können, und zwar in jeder einzelnen Situation. Sie können sich dann auf das konzentrieren, wofür sie dankbar sein können, ohne das zu verwerfen oder zu ignorieren, was negativ ist, aber auch ohne darüber herumzugrübeln. Wenn Sie sich zum Beispiel schlecht fühlen, weil Sie am Montag wieder zur Arbeit müssen, so können Sie sich diese schlechten Gefühle eingestehen, sich gleichzeitig aber auch daran erinnern, dass Sie gerade ein tolles Wochenende erlebt haben, oder dass das Wetter schön ist oder dass Sie sich auf eine bestimmte Tageszeit, möglicherweise den Feierabend, freuen werden usw.

Kapitel 2 – Flow erleben

Als Flow bezeichnet man einen besonderen psychologischen Zustand, bei dem man eine sehr starke, durchgehende Konzentration bei gleichzeitig erhöhter oder gar optimaler Leistung erlebt. Ein Flow ist jenes angenehme Gefühl, das dann auftaucht, wenn man wirklich in einer Sache „drin" ist, was auch immer man gerade tut, wenn die Zeit entweder unglaublich schnell vergeht oder geradezu einfriert, sodass man alles, was man tut, bis ins kleinste Detail hinein erlebt und alle anderen Gedanken aufhören. Einen Flow zu haben wird oft auch damit umschrieben, dass man ganz in einer Sache versunken ist, uns wohl jeder von uns hat dieses Gefühl irgendwann einmal gehabt, auch wenn dieses Gefühl oft eher mit Sportlern, öffentlichen Auftritten und Wettbewerben in Verbindung gebracht wird.

Ein Flow geht auch meistens damit einher, dass man die eigenen Gedanken und das eigene Selbst gar nicht mehr bemerkt. Man ist so konzentriert auf was man tut, dass man nicht wirklich auf sich selbst achtet. Dieser Quasibewusstseinsverlust ist auch mit einem Verlust an bewussten, direkten Reaktionen verbunden. Menschen, die in einem Flow sind scheinen in einem Zustand zu sein, in dem sie nicht mehr wirklich Herr ihrer Selbst sind, sondern völlig im „Flow" (ursprünglich 'Fluss,Strom') versunken.

Ein Flowerlebnis hängt, wie man herausgefunden hat, mit vielen positiven Empfindungen zusammen. Ein Flow ist äußerst erfreulich, selbst wenn man dabei seiner selbst nicht mehr bewusst ist und sich selbst nicht mehr bemerkt. Menschen, die regelmäßig ein Flowerlebnis haben sind erwiesenermaßen nicht nur deutlich glücklicher, wenn sie ihn direkt erleben, sondern erleben auch auf lange Sicht ein deutlich größeres Glücksempfinden als Menschen, die keine solchen Erlebnisse haben. Damit im Zusammenhang steht auch, dass Menschen, die Flowerlebnisse haben auch generell mehr im Beruflichen, bei Hobbies, im akademischen Bereich oder sogar in ihren Beziehungen erreichen.

Durch Experimente und qualitative Forschung haben Forscher das Geheimnis enthüllt, wie ein Flow zustandekommt. Was auch immer Sie tun, muss Sie ausreichend herausfordern, um interessant und packend zu sein, darf Sie aber auch nicht überfordern und über Ihre Fähigkeiten hinausgehen. Sobald dass, was Sie tun, zu wenig Aufwand erfordert oder allzu öde ist, wird es sie leicht unterfordern und sie werden Schwierigkeiten haben, ständig darauf zu achten. Wenn umgekehrt die Tätigkeit zu schwer ist oder einfach nicht Ihren Fähigkeiten entspricht, werden Sie entweder frustriert oder verlieren die Kraft, bevor der Flow eintritt.

Ein Flow erfordert auch, dass Sie völlig in das versunken sind, was Sie tun. Wenn Sie zu etwas gezwungen werden oder es nicht als lohnenswert erachten, werden Sie dabei nie einen Flow erleben. Ein Flow kommt nur dann zustande, wenn eine Tätigkeit gewollt ist und man sich freiwillig mit ihr befasst. Es muss also eine Eigenmotivation vorhanden sein, Sie müssen diese Aktivität deshalb aufnehmen, weil Sie es wollen, um der Sache selbst willen. Ihre Motivation darf niemals einfach nur sein, dass Sie bestraft werden, wenn Sie es nicht tun, oder dass Sie es um anderer Leute willen, des Geldes wegen oder aufgrund anderer „externer" Faktoren tun.

Zudem kommt ein Flow auch nur dann zustande, wenn eine Tätigkeit Geschick und Expertise erfordert. Wenn eine Tätigkeit zu beliebig ist oder überhaupt keine Fähigkeiten erfordert, hat Ihr Gehirn keinen Grund, sich ausreichend darauf zu konzentrieren, um in einen Flow zu geraten. Ebenso erfordert ein Flow ein Gefühl einer dynamischen Gegenreaktion. Sie müssen in der Lage sein, Ihre Handlungen an das anzupassen, was geschieht. Wenn Sie zum Beispiel beim Tennis einen Aufschlag verfehlen, können Sie Ihre

Armbewegung beim nächsten Schwung verändern, weil Sie sehen, dass Ihr erster Aufschlag fehlerhaft war.

Die letzte Bedingung für einen Flow ist schließlich, dass Sie in der Ausübung dieser Tätigkeit, was auch immer sie sei, nicht unterbrochen werden. Wenn Sie ständig andere Aktivitäten in Ihre Zeit einschieben müssen oder sich anderen Pflichten gegenübersehen, können sich Ihre Gedanken nicht vollständig auf die Aufgabe vor Ihnen konzentrieren. Das bedeutet nicht, dass ein Flow nicht auch beim Multitasking auftauchen kann. Ein Börsenmakler beispielsweise muss oft Veränderungen der Börsenkurse weltweit mitverfolgen und auf sie reagieren und empfindet dabei sehr oft ein Flowerlebnis. Allerdings gehört das Multitasking hier zur Tätigkeit dazu und stellt keine Ablenkung dar.

Auch wenn die Bedingungen für einen Flow sehr spezifisch zu sein scheinen, gibt es doch einige Kniffe, die man verwenden kann, um in einen Flow zu geraten. Zunächst müssen Sie eine gewisse Zeit lang eine Initialenergie in das verwenden, was Sie tun. Fähigkeiten und Konzentration erfordern Anstrengung, sind aber für ein Flowerlebnis von grundlegender Wichtigkeit. Sie müssen also gewillt sein, die Schwierigkeiten zu akzeptieren, die das Erlernen und Verbessern Ihrer Fähigkeiten erfordert. Um diesen Punkt zu unterstreichen sei daran erinnert, dass jene Aktivitäten, die erwiesenermaßen typischerweise einen Flow auslösen, wie Sport, durchweg als schwieriger und potentiell frustrierender wahrgenommen und bezeichnet werden, als alle anderen. Trotzdem scheint die Belohnung, die das durch diese Tätigkeiten zustandekommende Flowerlebnis darstellt, es doch schlicht und einfach, in Ermanglung eines besseren Ausdrucks, „wert zu sein".

Dieser „Gewinn" entsteht allerdings meist eher auf lange Sicht. Wenn Sie das erste Mal etwas tun, was Ihnen Spaß macht, mag vielleicht noch nicht sofort ein Flow zustandekommen, aber wenn Sie sich konsequent anstrengen, ist ein Flow oft ein unfreiwilliges Nebenprodukt.

Entsprechend taucht ein Flowerlebnis nur dann auf, wenn Ihnen das, was Sie tun, Spaß macht. Um also ein Flowerlebnis zu bekommen, brauchen Sie mindestens ein Hobby, Handwerk oder Ähnliches, in denen Sie es zu gewissen Fähigkeiten bringen können. Sie werden vielleicht nicht das Glück haben, in mehreren Lebensbereichen Flowerlebnisse zu haben, aber Sie können ohne jeden Zweifel Zeit und Raum schaffen, um eine einzige Fähigkeit zu erlernen. Alles, was Fähigkeiten erfordert, kann einen Flow auslösen, sei es Sportarten, Spiele oder geistige Tätigkeiten. Egal ob Frisbeewerfen, Schach, Onlinespiele oder Basketball, irgendetwas ist auch für Sie dabei, bei dem Sie in einen Flow kommen können.

Kapitel 3 – Verbundenheit

Zahlreiche Wissenschaften, von Anthropologie, Psychologie, Biologie bis zur Soziologie stimmen darin überein, was Menschen schon seit Jahrhunderten wissen, dass der Mensch nämlich von Geburt an ein soziales Wesen ist. Wir sind darauf eingerichtet, in sozialen Gruppen zu leben und haben über die Jahrhunderte hinweg Wege entwickelt und verbessert, um mit anderen Menschen zusammenzuleben. Über alle Kulturen hinweg blühen Menschen dann auf, wenn sie bedeutsame Beziehungen mit ihren Mitmenschen herstellen können, und verkümmern hingegen, wenn sie völlig isoliert sind.

Das kann man an den verschiedensten Dingen ablesen. Menschen mit starken sozialen Bindungen leben länger, und es nicht ungewöhnlich, dass alte Menschen nach dem Tod eines lebenslangen Ehepartners oder nach Antreten des Ruhestands erschreckend schnell sterben. Menschen, die angaben, viele enge Freunde zu haben sind typischerweise im Durchschnitt deutlich glücklicher als jene, die keine haben.

Darüber hinaus scheinen auch deren Freunde glücklicher zu sein. Studien legen sogar nahe, dass Menschen mit starken sozialen Bindungen ein stärkeres Immunsystem haben, sich schneller von Krankheiten erholen und auch weniger zu Geisteskrankheiten, vor allem zu Depressions- und Angststörungen neigen. Zudem neigen Menschen mit vielen Freundschaften zu einem stärkeren Selbstbewusstsein, größerem Einfühlungsvermögen und zeigen mehr Vertrauen und Bereitschaft zur Zusammenarbeit mit ihren Mitmenschen. Verbundenheit scheint beinahe so etwas wie eine Supermacht zu sein.

Wir sollten allerdings zuvor mit einigen Missverständnissen aufräumen, bevor wir daran gehen, wie man Verbundenheit erreichen kann. Zunächst einmal brauchen nicht alle Menschen gleich viel und gleich intensiven sozialen

Kontakt. Es gibt allerdings auch nur sehr, sehr wenige Menschen, die mit kompletter sozialer Isolation zurechtkommen, geschweige denn darin aufgehen können. Selbst wenn Sie sich als eher introvertiert bezeichnen oder jemanden kennen, der das tut, bedeutet das noch lange nicht, dass Sie völlig ohne Freundschaft und Gesellschaft auskommen.

In der modernen Psychologie werden die Bezeichnungen introvertiert vs. extrovertiert auch nicht mehr als zwei getrennte Kategorien verstanden, sondern eher als Spektrum, in das die Menschen fallen. Man kann hundertprozentig introvertiert, hundertprozentig extrovertiert oder irgendwo dazwischen sein, und letzteres ist bei den Meisten der Fall. Zudem wird die Unterscheidung zwischen in- und extrovertiert nicht direkt daran gemessen, wieviel sozialen Kontakt man braucht, sondern eher, wie sehr man auf Reize reagiert. Introvertierte reagieren bereits auf subtilere Reize und finden daher oft eher Gefallen an ruhigeren Aktivitäten wie Lesen oder einem Hobby. Extrovertierte hingegen brauchen stärkere Reize und wählen deshalb eher lautere und geschäftigere Aktivitäten.

In Punkto Sozialkontakt bedeutet das, dass Introvertierte normalerweise eher kleinere Kreise vorziehen, seien es gute Freunde oder die Familie. Extrovertierte hingegen finden eher Gefallen an größeren Veranstaltungen, bei denen mehr Menschen zugegen sind, selbst wenn ihre Beziehungen oft nicht so tiefgründig sind. Es gäbe eigentlich noch sehr viel mehr über das Introvertiertheits- / Extrovertiertheitsspektrum zu sagen. Was man aber auf keinen Fall vergessen darf, ist, dass man unabhängig davon, in welche Kategorie man fällt, ohne soziale Bindungen nicht auskommt.

Ein anderes weitverbreitetes Missverständnis, das wir ansprechen sollten ist, dass es bei Verbundenheit nicht um die Anzahl der Freunde geht, die jemand hat, sondern eher um die Tiefe und Stärke der Freundschaft mit anderen Menschen. Ein Mensch mag hunderte „Freunde" haben und sich doch einsam fühlen, weil alle diese Freundschaften nur oberflächlich sind. Jemand der sehr viel Kontakt zu anderen hat und als sehr beliebt und freundlich wahrgenommen wird, kann also trotzdem innerlich einsam sein.

Natürlich schätzen es die meisten Menschen als sehr wichtig ein, Freunde und starke Bindungen zu haben. Nur wenige begeben sich freiwillig in Isolation, sondern leben aufgrund von solchen Faktoren in Einsamkeit, die außerhalb ihrer Kontrolle stehen, wie ein Mangel an sozialen Fähigkeiten, weil sie zu viel zu tun haben, oder auch aufgrund von Ängsten und Depressionen. Mit Anderen in Kontakt zu treten scheint für einsame Menschen also fast so etwas zu sein, wie Salz in eine Wunde zu streuen.

Einsamkeit ist allerdings kein unabänderliches Schicksal. Die Psychologie geht davon aus, dass bei der Mehrheit derer, die behaupten, keine Freundschaften schließen zu können, das Problem meist einer zu großen Nervosität entspringt. Diese Menschen nehmen sich selbst als sozial unfähig war, obwohl das eigentliche Problem nicht in einem Mangel an sozialen Fähigkeiten liegt, sondern darin, dass sie aus Nervosität die falschen Signale aussenden. So wie man also oft nervös ist, wenn eine Rede vor vielen Menschen oder ein Vorstellungsgespräch anstehen, sind einsame Menschen ähnlich nervös wenn sie in Kontakt zu Anderen treten, weil sie quasi Lampenfieber haben.

Ein Weg, um seine Verbundenheit mit den Mitmenschen zu verbessern, ist es folglich, sich in zwischenmenschlichen Situationen entspannter zu zeigen. Dadurch wird es Ihnen leichter gelingen, durch natürlichere Körpersprache und Redefluss mit Anderen ganz von selbst in Verbindung zu treten. Es gibt eine ganze Reihe von Entspannungsmethoden, aber zu den Beliebtesten zählen tiefes Durchatmen, Achtsamkeitstrainung, sich des Moments zu vergegenwärtigen, die Situation gedanklich durchzugehen und Muskelentspannung. Diese Techniken können auch jenen Menschen helfen, die aus ähnlichen Gründen an Ängsten und Depression leiden.

Eine weitere Methode, um seine Verbundenheit zu stärken, ist es, zu lernen, wie man ein besserer Zuhörer wird, Einfühlungsvermögen entwickelt und überhaupt mehr Mitgefühl mit seinen Mitmenschen zeigt. Wenn Sie mit jemandem sprechen, versuchen Sie weniger, sich darauf zu konzentrieren, was Sie sagen wollen, sondern versuchen sie, das zu interpretieren und zu beantworten, was die andere Person sagt. Allzu oft sind Menschen in einem Gespräch damit beschäftigt, welchen Eindruck sie auf andere machen und denken zu sehr an sich selbst, um wirklich mit ihrem Gegenüber zu interagieren. Es kann aber helfen, wenn Sie sich vornehmen, die Worte ihres Gegenübers aufzunehmen und zu verarbeiten. Ebenso ist es eine sehr gute Methode, Einfühlungsvermögen und Freundlichkeit zu entwickeln, indem regelmäßig in Betracht ziehen, was andere um sie herum denken oder fühlen. Mann kann sie sogar tatsächlich danach fragen !

Schließlich sollten Sie überlegen, ob Sie nicht ein Ehrenamt übernehmen oder sich einem Verein o.ä. anschließen. Allzu oft sind Menschen nämlich nicht deshalb isoliert, weil irgendetwas mit ihnen nicht stimmt oder sie unfähig wären, Freunde zu machen, sondern weil sie schlicht und einfach nie einer Umgebung sind, in der es möglich ist, Freunde zu machen. Wir wachsen in der Familie auf, gehen dann zur Schule, in die Ausbildung oder die Universität und zur Arbeit, wo wir beständig von Menschen umgeben sind, die uns ähnlich sind, sodass es leichter ist, Freunde zu machen.

Wenn Menschen allerdings älter werden, finden sie sich oft allein wieder, weil Familie und Freunde von früher plötzlich fort sind und die Arbeit anspruchsvoller und stressiger geworden ist. Durch einfache Schritte, selbst so etwas Banalem wie einem Pilatesclub, einer Schachgruppe o.ä. können Sie aber Menschen kennenlernen, mit denen Sie Freunde werden können.

Kapitel 4 – Achtsamkeit

Achtsamkeit ist ein arg aufgeladenes Wort. Als Konzept steht es vor allem im starken Zusammen- hang sowohl mit der New-Age-Philosophy als auch mit dem Buddhismus. Deswegen wird es oft entweder als Mogelpackung einer unseriösen Spiritualität oder als Bestandteil einer fremdartigen Religion gesehen, die das hehre Ziel der Erleuchtung verfolgt.

Achtsamkeit kann man allerdings auch praktizieren, ohne dabei in irgendeiner Weise religiös oder spirituell zu sein. In seiner Grundform besteht Achtsamkeit lediglich darin, seinem Bewusstsein die Verankerung im Hier und Jetzt zu ermöglichen sowie Eindrücke und Gedanken des Körpers und Geistes zu beobachten.

Da sich die Beweise für die Vorzüge der Achtsamkeit immer mehr häufen, gewinnen auch Psychologen ein immer stärkeres und von Begeisterung zeugendes Interesse an dem Thema. Studien zur Achtsamkeit quellen nur so über von positiven Ergebnissen in allen Lebensbereichen, von der Bildung von Gewohheiten über Stressabbau, verbesserter Konzentration und Aufmerksamkeit, besserer Leistung in Arbeit und Schule, verbessertem Einfühlungsvermögen hin zu Selbstbeherrschung sowie vielem mehr.

Obwohl das Wort Achtsamkeit scheinbar von etwas völlig Selbstverständlichem spricht, das nicht erst erklärt werden muss, gibt es doch Achtsamkeitsexperten zufolge, sowohl religiösen wie auch säkularen, durchaus „korrekte" Formen der Achtsamkeit.

Zunächst einmal ist Achtsamkeit nicht wertend. Achtsamkeit verwirft keine Gedanken oder Gefühle, lässt sich aber auch nicht auf sie ein. Echte Achtsamkeit hingegen beobachtet Phänomene. Wenn Sie gestresst sind, sind Sie gestresst. Wenn Sie glücklich sind, sind Sie glücklich. Wenn es Ihnen heiß ist, ist Ihnen heiß.

Dieser spezifisch nichtwertende Charakter des Achtsamkeit wird auch auf Gedanken angewandt und nicht nur auf körperliche Empfindungen. Wenn irgendein Gedanke auftaucht, geht ein achtsamer Mensch nicht darauf ein, sondern lässt ihn einfach vorbeiziehen. Wenn zum Beispiel der Gedanke „Susanne war aber vorhin echt unhöflich" durch unseren Kopf geht, können wir anfangen, den Gedanken zu untersuchen und den Gedanken zurückzuverfolgen. War sie wirklich unhöflich, oder habe ich mir das nur eingebildet ? Habe ich etwas falsch gemacht, oder war sie schlechter Laune ? Geht es Susanne gut ? Ich hoffe, dass sie sich entschuldigt.

Sie verstehen wohl langsam, worum es geht. Achtsamkeitsexperten- und -befürworter gehen davon aus, dass nicht Gedanken selbst das Problem sind, sondern unsere Unfähigkeit, sie quasi „abzuschalten" und ein Gefühl der geistigen Regungslosigkeit herbeizuführen. Wir werden von unseren ständigen Gedankenströmen erschöpft und überwältigt, sodass unser Geist sich niemals wirklich entspannt oder stillsteht. Mit der Zeit verringert sich damit unsere Aufmerksamkeitsspanne, unser Sinn für unser Selbst schwindet, Gefühle von Ruhelosigkeit und Müdigkeit tauchen auf und unser Verhalten läuft nur noch in Automatismen ab. All das hat schwerwiegende Folgen für unser Leben.

Zum Glück gibt es aber Mittel und Wege, um Ihr Leben zurück auf den Weg der Achtsamkeit zu bringen. Zunächst einmal ist da die Achtsamkeitsmeditation, die normalerweise vor allem auf die Atmung zum Ziel der Aufmerksamkeit hat. Bei der Achtsamkeitsmeditation sitzt der oder die Meditierende in einer Meditationsstellung, beispielsweise dem halben Lotussitz, und richtet seine oder ihre Aufmerksamkeit auf das Ein- und Ausatmen, mit dem Augenmerk auf das Ein- und Austreten der Luft durch die Nasenlöcher.

Wenn irgendwelche Gedanken und Gefühle auftauchen, beobachtet man sie einfach einen kurzen Moment lang und richtet dann seine Aufmerksamkeit zurück auf die Atmung.

Diese Methode der Achtsamkeitsmeditation wird üblicherweise morgens praktiziert, direkt nach dem Aufstehen, wenn die Gedanken noch frisch, voll Energie und entschlossen sind, sie kann aber auch zu allen anderen Tageszeiten praktiziert werden. Meditierende meditieren normalerweise mindestens 15 bis 20 Minuten lang, wobei Erfahrenere oft für einen Zeitraum von 45 Minuten oder sogar länger meditieren. Es ist allerdings nicht so wichtig, wie lange man meditiert, sondern dass man sich Mühe gibt und aufrichtig bei der Sache ist, während man es tut.

Wer zum ersten Mal auf achtsame Weise meditiert, merkt oft, wie derartig beschäftigt die eigenen Gedanken überhaupt sind. Es kann schwerfallen, fünf Sekunden durchzuhalten, ohne dass die Aufmerksamkeit von irgendeinem turbulenten Gedanken mitgerissen wird, sodass man minutenlang abgelenkt ist, bevor man sich wieder zurück auf die Atmung konzentrieren kann, um dann wieder mitgerissen zu werden. Es ist dabei wichtig, durchzuhalten und nicht gleich die Flinte ins Korn zu schmeißen, sondern den Gedanken ausreichend Zeit zu geben, sich zu beruhigen. Mit der Zeit wird es Ihnen während der Meditationssitzungen immer leichter fallen, sich zu konzentrieren oder die Gedanken gar komplett zum Stillstand zu bringen. Selbst wenn Sie solche Momente der Ruhe und Klarheit nicht erleben sollten, können die Meditationssitzungen Ihnen doch immer noch helfen, Gewissheit über sich selbst zu erlangen.

Über die direkte Meditation hinaus kann Achtsamkeit auch dadurch geübt werden, dass man sich einmal pro Tag schlicht und einfach dem Nichtstun widmet. Bei nahezu jeder anderen Tätigkeit haben wir immer irgendein Ziel oder Zweck vor Augen und unsere Aufmerksamkeit ist so auf dieses Ziel gerichtet, dass die Achtsamkeit auf der Strecke bleibt. Indem Sie sich Zeit nehmen, um Ihre Gedanken und Ihren Körper zur Ruhe kommen zu lassen, ermöglichen Sie es auch, Gefühle, Gedanken und Erlebnisse ins Blickfeld zu nehmen, die Sie tagsüber möglicherweise ausgeblendet haben.

Es kann auch helfen, eine kleine Pause einzulegen, wann immer Sie den ganzen Tag über bemerken, dass Sie nicht mit Achtsamkeit bei der Sache sind, um Ihr dann wieder ihren Platz einzuräumen. Es ist natürlich in manchen Arbeitsumfeldern und Kreisen nicht allzu ratsam, eine Pause einzulegen, wenn wir nicht achtsam sind. Trotzdem wird es für einen großen Teil, wenn nicht die Meisten von uns, keinen großen Schaden anrichten, ein paar Sekunden oder Minuten Pause zu machen, und doch kann es für unsere Geisteshaltung Wunder wirken.

Darüber hinaus können Sie auch dadurch versuchen, achtsamer zu werden, indem Sie einfach mal einen Gang von ihrem üblichen Tempo zurückschalten. Sehr viele Menschen sind insgeheim hektisch und tun alles, vom Weg zur Arbeit bis zum Abwasch, mit einer geradezu lächerlich hohen Geschwindigkeit. Es scheint ihnen beinahe wehzutun, wenn sie es langsamer machen. Wenn Sie es aber versuchen, die Dinge nur ein klein wenig langsamer anzugehen, geben Sie den Gedanken und Gefühlen in Ihrem Kopf mehr Freiraum, um sich zu beruhigen. Zudem hat der Versuch, die Dinge langsamer anzugehen, oft zur Folge, dass man auch weniger Fehler macht oder die Ergebnisse besser ausfallen, weil man tatsächlich auf das achtet, was man tut und während man es tut.

Der letzte und wohl wichtigste Tipp, der hier erwähnt sei ist, dass man versuchen sollte, sowohl angenehmen als auch unangenehmen Gedanken, Gefühlen und Stimmungen gegenüber achtsam zu sein. Eine der wichtigsten Gründe, weshalb es unserer Gesellschaft an Achtsamkeit mangelt ist, dass wir uns oft in unangenehmen Stimmungen befinden, die man allzu gern ignoriert oder abtut: Müdigkeit, Schmerz, Stress, Reue, Traurigkeit und dergleichen mehr.

Es ist allerdings meist nicht sehr hilfreich, diese Dinge einfach zu ignorieren oder zu vergessen. Wenn wir auf diese Emfindungen achten, gehen sie oft irgendwann vorüber und lösen sich bei Bewusstwerdung schon wieder auf. Selbst wenn Sie andauern, kann uns Achtsamkeit dabei helfen, mit ihnen fertig zu werden, wenn sie auftauchen oder die Gewohnheiten und Verhaltensweisen zu erkennen, denen sie entspringen.

Wenn es Ihnen schwerfällt, unangenehmen Gefühlen gegenüber achtsam zu sein und sie den Drang verspüren, sich von ihnen abzulenken, versuchen Sie, geduldiger zu werden und dem Gefühl gegenüber so lange achtsam gegenüber zu sein wie nur möglich. Mit ein wenig Anstrengung schaffen es die Meisten, den anfänglichen Drang zur Flucht zu überwinden und lernen, auch mit unangenehmen Gefühlen umzugehen. Das erfordert allerdings auch den Willen, diese Gefühle überhaupt zuzulassen.

Müdigkeit ist das beste Beispiel. Es ist wohl unvermeidlich, dass Sie irgendwann in Ihrem Leben einmal Müdigkeit verspüren werden. Es ist am besten, sich mit dieser Empfindung abzufinden und lernen, weiterzumachen, während sie besteht, anstatt sich darüber zu beunruhigen, zu ärgern oder sie zu verdrängen. Wenn Sie zudem erkennen, dass Sie müde sind und sich der geistigen Stumpfheit, die damit einhergeht, bewusst sind, haben Sie auch eine stärkere Motivation, die Faktoren in Ihrer Lebensführung anzugehen, die zu Müdigkeit führen, sei es Überarbeitung, Bewegungsmangel, schlechte Ernährung, Schlafmangel u.ä.

Kapitel 5 – Versöhnlichkeit

Obwohl sie weder bei Tischgesprächen über das Thema Glück noch in den meisten Philosophien kaum Erwähnung findet, haben Forschungen über die menschliche Psychologie doch bewiesen, dass Versöhnlichkeit ein weiteres Geheimnis eines erfüllten Glücks ist.

Wenn wir über Versöhnlichkeit sprechen, gibt es einige Punkte, die zuvor klargestellt werden müssen. Zunächst einmal geht dabei nicht darum, Fehlverhalten zu entschuldigen oder zu billigen, sondern darum, Zorn, Trauer und Groll loszulassen, die mit Vergangenem verbunden sind. Anders ausgedrückt kann man jemandem vergeben, ohne damit einverstanden zu sein, was er oder sie getan hat oder zu glauben, dass er oder sie so hätte handeln sollen.

Versöhnlichkeit sollte man auch gegen sich selbst walten lassen. Es ist scheinbar offensichtlich, dass es zwei Paar Schuhe sind, ob man gegenüber jemand anderem nachtragend ist oder den eigenen Taten gegenüber Schuld, Scham und Zorn empfindet. Die Praxis zeigt allerdings, dass Nachsicht sich selbst gegenüber genau so eine Macht haben kann wie gegenüber Anderen.

Warum hat die Versöhnlichkeit nun eine solche Macht über unser Glück ? Eine mögliche Erklärung ist die, dass es nicht zu vermeiden ist, verletzt zu werden. In unserem Leben ist die Wahrscheinlichkeit, dass jemand den wir lieben und der uns wichtig ist, einen Schritt unternimmt, der uns weh tut, unglaublich hoch. Wenn wir nie die Fähigkeit entwickeln, zu vergeben, bedeutet das allerdings, dass wir unvermeidlich Gefahr laufen, negative Gefühle in uns zu horten, die dann zu selbstzerstörerischem Verhalten führen.

Selbst wenn wir das Glück haben, größeren Streit und beziehungszerreißende Probleme zu vermeiden, können doch kleinere Kränkungen und Fehler von anderen Menschen in uns verbleiben und vor sich hin schwelen, sofern wir uns nicht gestatten, sie zu verzeihen. Selbst kleine Dinge wie das Nichterledigen von Hausarbeit, die eigentlich getan werden muss oder eine nicht zugeschraubte Zahnpastatube können uns wütend machen, aber in Wirklichkeit geben sie uns ernsthafte Gründe, nachtragend zu werden. Lassen Sie sie los.

Ein Mangel an Versöhnlichkeit führt gleichermaßen auch zu Rachsucht. Wenn Sie es einfach nicht über sich bringen, jemandem zu vergeben, werden Sie höchstwahrscheinlich irgendetwas tun, um ihm oder ihr ebenfalls weh zu tun oder irrational handeln. Das hat im Zwischenmenschlichen meist eine ständige Abwärtsspirale zur Folge, da Groll, Zorn und Verbitterung über vergangene Kränkungen die Menschen dazu bringt, es sich ständig heimzahlen zu wollen. Wir haben bereits erkannt, dass Verbundenheit und Dankbarkeit zum Erreichen des Glücks unabdingbar sind, und es ist beiden dieser Werte abträglich, aus Groll heraus zu handeln.

Trotz der Vorteile, die Vergebung nach sich zieht, kann es immer noch schwer sein, über schmerzhafte Gefühle hinwegzukommen. Psychologen, die auf das Thema Vergebung spezialisiert sind, haben aber festgestellt, dass es einige Tricks gibt, mit denen Sie Ihre Versöhnlichkeit steigern können.

Zunächst einmal müssen Sie sich bewusst werden, dass Versöhnlichkeit eine Entscheidung ist. An Zorn und Groll festhalten zu wollen, kann zur Sucht werden, und diese Gefühle sind so mächtig, dass wir, von Ihnen benebelt, nicht erkennen, dass wir eigentlich nur weiter Öl ins Feuer gießen. Der erste notwendige Schritt besteht also darin, sich einzugestehen, dass Sie auch die Wahl haben, jemandem zu vergeben, selbst wenn Sie diese Wahl gerade nicht treffen.

Als nächstes sollten Sie bedenken, welche Vorteile es hat, zu vergeben. In unseren Köpfen malen wir uns oft aus, was sein könnte. Wenn wir nachtragend sind, gehen wir darin so weit, dass wir davon träumen, wie wir uns rächen könnten oder wie die mystischen Effekte des Karmas auf unseren Gegner zurückfallen könnten. Die meisten von uns werden aber erkennen, dass solche Träume kleinlich und unrealistisch sind.

Tatsächlich macht es aber alles nur noch schwerer, an Groll und Zorn festzuhalten. Wir müssen nun den Kontakt mit dem Menschen, der uns wehgetan hat, entweder vermeiden oder regulieren, weil wir immer noch diese unterschwelligen Gefühle hegen. Darüber hinaus ist es auch schlicht und einfach keine Freude, ständig zornig, nachtragend und sogar ängstlich zu sein. Wäre es nicht besser, zu vergeben und eine ruhigere und friedlichere Stimmung aufkommen zu lassen, und sei es allein Ihretwegen ?

Es hilft auch, darüber zu nachzudenken, was Sie getan haben oder getan haben könnten, das diesen Menschen dazu veranlasst haben könnte, Ihnen weh zu tun. Natürlich kann man es auch hier übertreiben und sich selbst die Verantwortung und Schuld für irrationale und willentliche Fehlhandlungen Anderer aufladen. Als Faustregel gilt allerdings, dass die meisten Menschen niemanden ohne Grund verbal attackieren oder absichtlich Anderen weh tun, selbst wenn dieser Grund durch das Ergebnis nicht zu rechtfertigen ist.

Denken Sie über Ihre Rolle in diesen Ereignissen nach und überlegen Sie, ob Sie den Streit nicht hätten beschwichtigen, besänftigen oder verhindern können. Wenn man die Probleme analysiert, die in Beziehungen auftreten, kommt man meist zu dem Ergebnis, dass beide Parteien teilweise Schuld sind und dass die Situation durch Anstrengungen beiderseits hätte verbessert werden können.

Geben Sie sich auch die Mühe, die Probleme aus der Perspektive der Gegenseite zu sehen. Können Sie verstehen, was sie gefühlt hat und warum sie das getan hat ? Können Sie nachvollziehen, warum die Gegenseite so gehandelt hat, wie sie es tat ? Selbst wenn diese Art empathischer Simulation Sie nicht unbedingt dazu bringt, das Verhalten des Gegenübers zu billigen oder gar zu rechtfertigen, ermöglicht Sie Ihnen doch, dessen Verhalten auf erwachsene, reife Weise zu verstehen und nachzuvollziehen.

Wenn wir uns von unseren Gefühlen mitreißen lassen, ist es oft der Fall, dass wir anfangen, einseitig über die Handlungen des Gegenübers zu schmollen und zu glauben, dass unser Gegenüber alles absichtlich getan hat und anders hätte handeln sollen. In Wirklichkeit aber ist unser Verhalten in Beziehungen weniger konsequent und geplant, als wir glauben, und Sie sollten sich lieber mit dem befassen, was passiert ist und warum, als mit der Version, die Ihnen Ihre Kränkung und Ihr Groll einflößen wollen.

Es sei auch daran erinnert, dass dieser Rat sowie alle Ratschläge in diesem Kapitel auch für die Selbstvergebung gilt. Sie können Ihre Scham- und Schuldgefühle bezwingen, indem Sie erkennen, dass Sie es sich aussuchen, an Ihnen festzuhalten und dass Sie lernen können, sie loszulassen. Ebenso können Sie bedenken, dass es besser und befreiender wäre, sich von diesen Gefühlen loszusagen als sich an sie zu klammern. Und bedenken Sie auch die vielen anderen Vorteile, die es hat, sich selbst zu vergeben.

Zuletzt besteht der wirksamste Weg, sich zu vergeben, auch darin, zu erkennen, weshalb Sie auf eine bestimmte Weise gehandelt haben und Schritte zu unternehmen, damit sich das in Zukunft nicht wiederholt. Allgemein legen Menschen an sich selbst höhere Standards an als an die Menschen um sich herum, und es ist nicht selten, dass wir immer erwarten, dass unser Verhalten und unsere Gedanken völlig rational und in unserer Hand liegen müssen. Wenn wir allerdings tief in uns blicken, auch in unsere Fehler, können wir trotzdem oft den Ursprung unseres Verhaltens aufspüren. Sobald wir verstehen, warum wir so handeln, wie wir handeln, ist es auch einfacher, unser Verhalten in Zukunft bewusst zu kontrollieren und zu verändern.

Kapitel 6 – Sport und Ernährung

Wir wissen eigentlich alle, dass Ernährung und Sport unsere Stimmung beeinflussen, und doch wird deren Wirkung oft unterschätzt. Sport und Ernährung beeinflussen Ihre Stimmung konkret, direkt und auf biochemische Weise und können erwiesenermaßen auch ihre Stimmung heben und schwächere bis mittlere Depressionen bekämpfen. Kernspintomografien bei Ratten und Menschen legen sogar nahe, dass Sport eine ähnliche Wirkung auf das Gehirn hat, wie Antidepressiva.

Zudem hat man herausgefunden, dass Sport Endorphine freisetzt, eine Gruppe von Hormonen, die für Gefühle des Glücks und der Freude zuständig sind. Was vielleicht noch interessanter ist, ist dass Endorphine tatsächlich die Transmission von Schmerzen blockieren und behindern, was ebenjenes euphorische Gefühl verursacht, das man mit ihnen verbindet. Neurologische Forschungen legen sogar nahe, dass Sport das Wachstum von Neuronen in jenen Gehirnbereichen auslöst, die für Lernen und Gedächtnis zuständig sind.

Das Beste an einem guten Sport- und Ernährungsprogramm ist, dass die Sache keinen Haken hat. Eine Tasse Kaffee, Alkohol, Süßigkeiten und Knabberkram, Tabak oder der Gebrauch anderer legaler oder illegaler Drogen können tatsächlich die Stimmung aufbessern und Ihnen helfen, mit Stress und negativen Gefühlen fertig zu werden. Wir wissen aber auch instinktiv, dass das alles keine langfristigen Lösungen sind und das sie auf lange Sicht gesehen mehr Schaden als Nutzen bringen.

Beim Sport hingegen gibt es kein Kleingedrucktes im Vertrag, das uns irgendwann zum Verhängnis wird. Er macht uns weniger ängstlich, verbessert das Immunsystem indem er die Produktion von Antikörpern und T-Zellen anregt, die Krankheitserreger in Ihrem Körper bekämpfen. Sport verringert auch den Pegel an Cortisol, dem Hormon, das in Ihrem Körper Stress verursacht. Ein langfristig erhöhter Cortisolspiegel führt zu hohem Blutdruck und steht im Zusammhang mit Herzkrankheiten und Schlaganfällen. Die cortisolsenkende Wirkung des Sports erklärt wohl auch, weshalb er Ängste verringert, die oft mit Stress in Verbindung stehen.

Er hilft auch Ihrem Körper, sich von Krankheiten und Verletzungen schneller zu erholen und erhöht sowohl die Einschlafgeschwindigkeit als auch die Schlaftiefe. Die positiven Wirkungen von Sport sind so stark, dass selbst bei chronischer Schlaflosigkeit eine deutliche Besserung erzielt werden kann.

Über die rein physischen und körperlichen Effekte des Sports hinaus haben Forscher aber auch festgestellt, dass Sport eine Art geistiger Betätigung sein kann. Dass Erreichen der selbstgesteckten Fitnessziele und die ständige Selbstherausforderung, die durch Sport erfolgt, sind eine gute Methode, um Erfolgserlebnisse zu haben. Gleichzeitig ist Sport für jedermann- und frau erschwinglich, egal ob arm oder reich, ob begabt oder unbegabt. Die Verbesserung der körperlichen Attraktivität und Fitness scheinen auch eine entscheidende Rolle in Bezug auf das Selbstbewusstsein und zwischenmenschliche Beziehungen zu haben.

Der Einfluss der Ernährung auf Ihr Glück ist eher unterschwellig. Ein konstanter Energiespiegel aus einem starken Stoffwechsel, der mit einer ausgewogenen Ernährung betrieben wird, verhindert Energieabfälle und stärkere Stimmungsschwankungen, die zu selbstzerstörerischem Verhalten und Motivationsmangel beitragen können. Zudem stärkt eine nahrhafte Ernährung den Körper und schützt Sie so vor Krankheiten, was langfristig wohl sehr stark zu Ihrem Glück beiträgt.

Kapitel 7 – Optimismus

Es erscheint instinktiv logisch, dass Menschen, die optimistischer sind und positives Denken praktizieren glücklicher sind, und die Forschung belegt das auch. Wie bei vielen Eigenschaften, die mit Glück in Verbindung stehen führt auch Optimismus zu einem stärkeren Immunsystem und einem verminderten Risiko zu chronischen Krankheiten. Optimismus scheint auch als Absicherung vor traumatischen und einschneidenden Erlebnissen zu fungieren, da optimistischere Menschen sich besser von Ereignissen wie dem Tod eines Ehepartners oder einer schweren Verletzung erholen.

Das wohl wichtigste Forschungsergebnis ist wohl allerdings, dass Optimismus die Art und Weise ändert, wie Menschen Probleme bewältigen und an sie herangehen. Optimisten neigen auch eher dazu, Neues zu entdecken und neue Gelegenheiten beim Schopf zu packen, selbst wenn sie dabei Risiken eingehen. Infolgedessen zeigen Optimisten und positiv Denkende eine höhere Erfolgsrate in akademischer und beruflicher Hinsicht.

Ebenso sind Optimisten und positiv Denkende auch kontaktfreudiger als ihre pessimistischen Mitmenschen, da sie leichter neue Leute kennenlernen und infolge langfristige Freundschaften mit ihnen schließen. Pessimisten und negativ Denkende hingegen scheuen Herausforderungen, Risiken und Probleme, da sie unterschwellig glauben, dass sie scheitern werden oder es die damit verbundene Mühe nicht wert sei.

Das Geheimnis, um Optimismus zu entwickeln, besteht darin, zu verstehen, was Optimismus ist und was nicht. Viele Menschen machen den Fehler, Optimismus oder positives Denken als eine Art von Selbgehirnwäsche zu verstehen, die durch anmaßende und übertriebene Formeln wie „Alles ist möglich" oder „Du bist schon perfekt, so wie du bist" befeuert werde.

Echter Optimismus und positives Denken entspringen dem Vertrauen in sich selbst und den eigenen Fähigkeiten, Probleme und Herausforderungen zu meistern. Optimisten scheuen sich nicht, Risiken einzugehen, weil sie in gewissem Maße darauf vertrauen, dass sie es schaffen werden, oder dass sie mit den Folgen fertig werden, wenn sie scheitern.

Wie gewöhnt man sich nun Optimismus an ? Wie Sie vielleicht erwartet haben, liegt die Grundlange des Optimismus in Ihren Denkmustern. Negativ Denkende neigen eher dazu, schlechte Ereignisse sowohl als *dauerhaft* als auch als *intern bedingt* anzusehen. Wenn ein negativ denkender Mensch bei einem Test durchfällt, wird er beispielsweise dazu neigen, sich selbst die Schuld zu geben, à la „Ich kann nichts", „Ich bin ein Versager". Das Problem wird also als intern bedingt angesehen, es hat damit zu tun, wie er oder sie man nunmal ist. Ebenso sehen negativ Denkende Probleme als dauerhaft an, was impliziert, dass das Problem sowohl chronisch als auch schwierig, gar unmöglich zu ändern sei, à la „Ich hab noch nie etwas gekonnt", „Ich werde immer ein Versager sein".

Positiv Denkende und Optimisten hingegen neigen eher dazu, schlechte Ereignisse auf zeitlich begrenzte und externe Faktoren zurückzuführen. Wenn ein Optimist durchfällt, könnte er das auf einen Faktor wie die Grippe, Schlafmangel, einen schlechten Tag oder andere Beteiligte zurückführen. Der wichtige Punkt ist hier, dass man aus keinem dieser Faktoren irgendwem einen Strick drehen kann. Man kann ja schließlich niemandem zur Last legen, erkältet zu sein. Zudem sind sie zeitlich begrenzt, sie gehen also irgendwann vorüber.

Aufgrund der unterschiedlichen Denkmuster zeigen Pessimisten und negativ Denkende auch weniger Selbstvertrauen und schätzen ihre Fähigkeiten als geringer ein. Da sie zudem diese Fehler als dauerhauft einschätzen, sind sie auch weniger geneigt, sie verändern zu wollen. Ein Denkmuster, das in den Begriffen extern und zeitlich begrenzt operiert, wie es bei Optimisten vorhanden ist, ermöglicht es hingegen, mit Misserfolgen und Rückschlägen fertig zu werden, ohne dass dabei das Selbstbewusstsein und der Positivismus Schaden nimmt.

Natürlich sollte man darauf nun auch nicht schließen, sich selbst etwas vorzumachen oder eine Ausrede für jeden eigenen Fehler zu finden. Die negativen Denkmuster, die wir beschrieben haben, sind aber auch eher gewohnheitsbedingt und treten ohne wirkliches Nachdenken auf, sodass sie die Wirklichkeit auch nicht widerspiegeln. Wann immer Sie bemerken, dass Sie einen negativen Gedanken haben, nehmen Sie sich einen Augenblick Zeit, um eine positive Alternative zu finden oder zu überlegen, in welchem Maße der negative Gedanke zutreffend ist. Dieser Prozess wird als Infragestellung des negativen Gedankes bezeichnet und ist unabdingbar, um negative Denkmuster zu durchbrechen.

Kapitel 8 – Resilienz

Resilienz bezeichnet in der Psychologie die Fähigkeit, mit Widrigkeiten umzugehen. Das Leben ist von Natur aus turbulent, und selbst wenn manche ein schwierigeres Leben haben als Andere, gibt es wohl kaum eines, das keinerlei Höhen und Tiefen kennt. Menschen mit geringer Resilienz sind allerdings weniger in der Lage, Widrigkeiten zu überwinden und zerbrechen beim geringsten Druck. Es ist klar, dass so etwas dem Glück sehr abträglich ist, da das Glück ja gerade ein langfristiges Ziel ist, für das auf dem Weg dahin zahlreiche Hindernisse überwunden werden müssen.

Allgemein zeigen Menschen, die depressiv sind oder oft niedergeschlagen sind eine geringere Resilienz als der Durchschnitt, während Menschen, die sich als glücklich bezeichnen, auch zu einer höheren Resilienz neigen. Manche Leute gehen so weit, zu sagen, dass Depression an sich auf einen dauerhaften Mangel an Resilienz zurückgehe, der durch verschiedene äußere Bedingungen oder negative Denkmuster bedingt sein kann. Entsprechend haben manche Psychologen sogar die These aufgestellt, dass es so etwas wie das Glück an sich gar nicht gebe, sondern nur eine hohe Resilienz gegenüber den Rückschlägen des Lebens.

Unabhängig davon, welchen Standpunkt Sie zu diesem Thema nun einnehmen, steht es doch zweifellos fest, dass Resilienz eine Fähigkeit ist, die es sich anzueignen lohnt. Psychologische Studien haben tatsächlich festgestellt, dass Resilienz der allerwichtigste Faktor für Erfolg in allen Lebensbereichen ist und auch gleichzeitig die beste Absicherung gegen Geisteskrankheiten. Resilienz ist auch durch etwas, das man lernen und üben kann. Selbst wenn Sie im Moment nicht sehr resilient sein sollten, können Sie Schritte unternehmen, um es zu werden.

Wie alle abstrakteren Konzepte in der Psychologie wie Intelligenz und Wohlbefinden ist auch die Resilienz ein vielschichtiges Konzept. Einfacher ausgedrückt kann Resilienz in verschiedene Teilaspekte, Verhaltensweisen und Denkmuster aufgeteilt werden, die alle gleichermaßen zum Konzept der Resilienz beitragen und die jedermann- und -frau instinktiv verstehen kann.

Darüber hinaus haben wir bereits zuvor in diesem Ratgeber einige Faktoren erwähnt, die zur Herausbildung von Resilienz beitragen: gesunde Ernährung, regelmäßiger Sport, Achtsamkeit und Dankbarkeit üben alle erwiesenermaßen einen guten Einfluss auf die Resilienz aus. Wie Sie es wohl kaum anders erwarten, verwischt die Tatsache, dass bei Diskussionen über Glück und Resilienz dieselben Faktoren genannt werden, die Grenzen zwischen beiden Konzepten noch mehr.

Es gibt allerdings auch einige Resilienzfaktoren, die in diesem Buch noch nicht erwähnt worden sind. Der erste besteht in der Idee, dass Wandel unvermeidlich ist. Wandel kann etwas Gutes oder Schlechtes sein, aber unabhängig von seinem Charakter erkennen resiliente Menschen einen Wandel, der im Gange ist und richten sich darauf ein. Das hat zur Folge, dass resiliente Menschen ihre Ziele oder die Methode, es zu erreichen, ändern, wenn sie auf Schwierigkeiten stoßen, während nicht-resiliente Menschen dazu neigen, entweder alle Hoffnung fahren zu lassen oder aber mit ihrem fruchtlosen Unternehmen einfach weiterzumachen.

Die Fähigkeit, mit Wandel, egal ob gutem oder schlechten, umzugehen, hat viel mit Optimismus zu tun und dem zuvor erwähnten Konzept, dass positives Denken und Selbstvertrauen Menschen dazu bringen, Gelegenheiten zu ergreifen, was wiederum ein Mittel ist, um mit Wandel umzugehen oder sich ihn zu Nutze zu machen.

Die Fähigkeit, mit Wandel umzugehen, wird teilweise aber auch als Folge von Unbeirrbarkeit gesehen. Resiliente Menschen wissen, was sie wollen und entschuldigen sich nicht für ihre Ziele und Träume. Sie irren nicht umher und lassen sich auch nicht beirren, weil die Vision ihres Endziels einfach zu stark ist.

Wenn also Veränderungen eintreten und Sie sich fühlen, wie Ihre Grundsätze erschüttert werden, nehmen Sie sich die Zeit, um ihre Ziele, Träume und Aufgaben erneut festzusetzen. Je genauer und begeisterter Sie das tun, umso stärker und klarer wird auch Ihre Vision. Schreiben Sie Ihre Ziele auf, mehrmals, vielleicht sogar täglich in Ihrem Tagebuch und verfeinern und verstärken Sie sie damit nebenbei. Stellen Sie sich zudem vor, was Sie erreichen wollen und wo Sie sich in einem Monat, einem Jahr oder in fünf Jahren sehen. Diese Zeitpunkte sind natürlich völlig willkürlich gewählt. Was hierbei aber zählt, ist, dass Sie in der Lage sein sollten, sich einen detailierten Pfad vorzustellen von dem Punkt aus, an dem Sie jetzt sind zu dem, an dem Sie sein wollen.

Benutzen Sie auch die Kraft der bildlichen Vorstellung, um Veränderungen durchzugehen, bevor sie eintreten. Stellen Sie sich vor, wie Sie mit diversen Problemen umgehen, sobald sie auftauchen, sei es ein Geldmangel wegen unvorhergesehener Kosten, neuen Verantwortungen, die Ihre Zeit beanspruchen oder ein möglicher Rückschlag. Diese Szenarien helfen Ihnen nicht nur, Absicherungspläne zu entwickeln, um weiter auf Ihr Ziel hinzuarbeiten. Sich bildlich vorzustelen, wie Sie mit Problemen ruhig und sachlich umgehen hilft Ihnen auch, ebenso zu handeln, wenn Probleme tatsächlich auftreten sollten.

Weitere wichtige Eigenschaften, die implizit mit Resilienz zusammenhängen, sind Flexibilität, Proaktivität und Organisationsfähigkeit. Flexibilität ermöglicht es Ihnen, mit Unsicherheit fertig zu werden, die unvermeidlicher Bestandteil von Veränderungen ist. Auch ermöglicht sie Ihnen, zu begreifen, dass es schlicht und einfach notwendig ist, neue Herangehensweise ins Auge zu fassen um den Problemen des Lebens Herr zu werden.

Organisationsfähigkeit und Proaktivität helfen Ihnen ebenfalls, Probleme zu überwinden. Es spart Ihnen Geld, Zeit und Mühe, wenn Sie Vorkehrungen für ein Problem treffen, bevor Sie sich darauf stürzen. Ebenso können Sie nicht wirklich flexibel in Ihrer Herangehensweise sein, wenn Sie nicht verschiedene mögliche Lösungen durchgehen, bevor Sie ein Problem angehen. Ansonsten verlassen Sie sich allein auf Ihren Instinkt und Ihre Gewohnheit, was Sie durchaus in die Irre führen kann.

Proaktivität schließlich hilft Ihnen, die Folgen von Problemen zu lindern, wenn Sie auftreten, und Ihre Flexibilität und Konzentration einem neuen Problem zuzuwenden, so wie wir es zuvor in bei der bildlichen Vorstellung angerissen haben.

Wie erlangt man nun all diese Fähigkeiten, die mit dem Kernkonzept der Resilienz zusammenhängen ? Wie schon vorher kurz erwähnt, kann es unheimlich helfen, ein Tagebuch zu führen, in dem sie Ihre Gedanken aufschreiben. Indem Sie Ihre Gedanken in geschriebener Form vor Augen haben und auf Gedanken von früheren Tagen zurückgreifen können, können Sie einfacher die Muster in Ihren Gedanken und Verhaltensweisen erkennen. Indem Sie wiederum Muster erkennen, werden Sie sich leichter der Situationen bewusst, in denen sie inflexibel sind, Ihre Ziele unklar oder Sie nicht ausreichend Initiative zeigen. Es ist zudem leichter, Gedanken in schriftlicher Form zu organisieren.

Versuchen Sie auch immer, wenn es möglich ist, den logischen, planenden und methodischen Teil Ihres Gehirns zu benutzen. Immer wenn Sie etwas tun wollen, überlegen Sie, ob Sie es nicht anders oder effizienter machen könnten. Oder überlegen Sie sich alternativ dazu, welche Mittel und Werkzeuge Sie dafür brauchen. Diese Art zu denken sind nicht nur leere Worte, Sie können auch im Alltag angewandt werden. Wenn Sie zum Beispiel einkaufen gehen, denken Sie vorher darüber nach, was Sie brauchen, anstatt einfach drauf loszukaufen. Oder denken Sie besser noch daran, wo und in welcher Abteilung sich bestimmte Produkte befinden, sodass Sie nicht im Geschäfte hin-und herlaufen müssen, wenn Sie einkaufen. Sie können auch planen, außerhalb der Stoßzeiten zum Supermarkt zu gehen, um sich das Leben zu erleichtern.

Es gibt natürlich schon viele von uns, die bereits gelegentlich so denken, aber es gibt ohne jeden Zweifel viele, viele Möglichkeiten, um gerade diese Fähigkeit bei der Arbeit und im Alltag zum Einsatz zu bringen.

Kapitel 9 – Fürsorge und Hilfe

Die westliche Gesellschaft wird von Anthropologen oft als „individualistisch" bezeichnet. Dieser Begriff besagt, dass die westliche Gesellschaft sehr großen Wert auf den Einzelnen, seine Freiheit und seine Entscheidungen legt, anstatt in Gruppen und Kollektiven zu denken. Während sowohl Individualismus als auch Kollektivismus ihre Vor- und Nachteile haben, ist die Priorisierung des Individuums doch mit vielen Nachteilen verbunden. Fehler und Probleme, die wir an uns selbst wahrnehmen, werden hochgespielt und aus dem Zusammenhang gerissen, da wir psychologisch gesehen die ganze Zeit nur an uns selbst denken.

Ebenso führt die Versteifung auf den Einzelnen oft dazu, dass sich die Menschen isoliert und in Konkurrenz mit ihren Mitmenschen sehen, obwohl Verbundenheit eigentlich von Natur aus für die menschliche Psyche und die Suche nach dem Glück unglaublich wichtig ist.

Um die Kluft zwischen uns selbst und Anderen zu überbrücken, ist es nötig, ein Gefühl des Mitleids und der Fürsorglichkeit für Andere zu entwickeln. Während sich die meisten Menschen wohl kaum als völlig unfürsorglich bezeichnen würden, übernehmen doch eigentlich nur Wenige wirklich Verantwortung oder bemühen sich aktiv, Probleme Ihrer Mitmenschen zu lösen oder deren Wohlbefinden zu verbessern, insbesondere, wenn es über die unmittelbare Familie oder Freunde hinausgeht.

Trotz der anfänglichen Mühe und Hingabe, die Fürsorge und Hilfe für andere mit sich bringt, zeigt sich doch trotzdem, dass Menschen, die ehrenamtliche Arbeit leisten oder in irgendeiner Form Fürsorge und Altruismus zeigen, durchweg glücklicher als ihre Mitmenschen sind. Wie bei allen anderen Glücksfaktoren bringen auch Fürsorge und Hilfe für Andere erwiesenermaßen ein geringeres Risiko von Geisteskrankheiten und sonstigen Erkrankungen mit sich.

Hierbei müssen aber einige Einschränkungen gemacht werden. Die Studien haben nämlich ebenso gezeigt, dass die Fürsorge-, Hilfs- oder ehrenamtliche Tätigkeit aus freien Stücken erfolgen muss. Studien an Jugendlichen und jungen Erwachsenenen, die ehrenamtliche oder gemeinnützige Arbeit verrichteten, allein um eine bessere Chance auf einen Studien- oder Praktikumsplatz zu bekommen, zeigten, dass diese keinesfalls glücklicher als der Durchschnitt waren. Menschen hingegen, die moralisch-ethische Gründe als Motivation für ihr Ehrenamt angaben, gaben durchaus an, glücklicher zu sein.

Für jene von uns, denen es schwerfällt, wirkliches Mitleid oder ein Verlangen, anderen zu helfen, zu hegen, sei hier gesagt, dass zum Glück nicht jede Form von Hilfe und Fürsorge in Form eines Ehrenamtes erfolgen muss. Selbst einfache Dinge wie einem Freund oder Familienmitglied einen Gefallen zu tun, jemanden zu trösten, den Sie kennen, wenn er oder sie sich schlecht fühlt oder Spenden und indirekte Unterstützung können eine ähnliche Rolle in der Fürsorge-Glücksrelation spielen.

Die Natur dieser Fürsorge-Glücksrelation ist nicht ganz klar. Es ist möglich, dass das lohnenswerte Gefühl, das Menschen dabei empfinden, wenn sie etwas tun, das gemeinnützig oder hilfreich ist, zu Freude und Glück in anderen Bereichen beiträgt. Einige Psychologen gehen davon aus, dass es einfach eine Freude an sich sei, sich als altruistisch und fürsorglich zu empfinden, da Gefühle der Fürsorge und des Mitleid direkt mit Gefühlen des Glücks und der Freude verbunden seien.

Alternativ wurde die These geäußert, dass Menschen, die für andere sorgen und ihnen helfen verbundener mit ihren Mitmenschen sind und Fürsorge und Hilfe also eher indirekt zum Glück führen. Schließlich wird auch angenommen, dass es helfe, die eigenen Probleme zu relativieren, indem man sich auf die Probleme und Schwierigkeiten Anderer konzentriert, was zu weniger negativem Denken sowie mehr Optimismus und Dankbarkeit führe.

Es sei aber daran erinnert, dass, so sehr Fürsorge, Hilfe und Altruismus offenbar tatsächlich glücklich machen können, dies aber nur der Fall ist, wenn diese Verhaltensweisen nicht zur Last werden. Äußerste Selbstlosigkeit mag ein hehres Ziel sein, ist aber in der Praxis doch sehr ermüdend und kann in seelischer Erschöpfung oder gar in einem Helfersyndrom enden. Obwohl es also wichtig ist, für Andere sorgen und ihnen helfen zu wollen, ist es auch genauso wichtig, einen Mittelweg zu finden, um nicht die eigenen Bedürfnisse zu kurz kommen zu lassen.

Es gibt einige Methoden, um sich eine Geisteshaltung der Hilfe und Fürsorge anzugewöhnen. Fangen Sie mit kleineren, spontanen altruistischen Handlungen an, über den Tag verteilt. Das kann so etwas Einfaches sein wie jemandem einen Platz in der Straßenbahn anbieten, jemandem etwas Kleingeld geben, damit er sich einen Parkschein kaufen kann oder Sachen verschenken, von denen Sie gemerkt haben, dass Sie sie eigentlich nicht brauchen.

Sie können sich auch das Ziel setzen, jeden Tag ungefähr fünf altruistische Handlungen zu vollführen, um sicherzustellen, dass es irgendetwas gibt, worüber Sie sich am Ende des Tages gut fühlen können. Noch besser, unternehmen Sie diese Handlungen anonym. Indem Sie sich selbst aus dem Spiel nehmen, können Sie sich besser auf das Glück und den Nutzen konzentrieren, die Ihre Handlungen Anderen bringen.

Alternativ dazu können Sie auch Anderen mehr Fragen stellen, um zu erfahren, was sie denken und fühlen oder vorrangig fragen, wie sie sich fühlen und wofür sie sich interessieren anstatt von sich selbst zu sprechen. Machen Sie es sich zum Ziel, in Gesprächen Ihr Gegenüber zu unterhalten und aufzumuntern anstatt nur Ihr eigenes Wohl vor Augen zu haben.

Versuchen Sie zuletzt auch, Ihren Mitmenschen von sich aus Hilfe und Gefallen anzubieten, bevor Sie danach gefragt werden. Das kann manchmal die
Formen eines Ehrenamtes annehmen, aber es kann auch etwas so Banales
sein, wie sich um den Haushalt oder die Einkäufe für jemanden zu kümmern,
der krank oder sehr beschäftigt ist.

Kapitel 10 – Tun, was einem Spaß macht

Seien wir mal ehrlich: der Titel dieses Kapitels klingt so derartig offensichtlich, dass es schon weh tut. Fragen Sie sich aber mal selbst: Wie oft nehmen Sie sich die Zeit für Dinge, die Ihnen Spaß machen, besonders, wenn Sie unglücklich sind? Ganz zu schweigen von Dingen, die Sie lieben? Es bringt natürlich schon eine gewisse dumpfe Freude mit sich, sich nach einem langen Tag vor den Fernseher auf die Couch fallen zu lassen oder im Internet herumzusurfen, aber wir wissen alle, dass solche Tätigkeiten nicht wirklich glücklich machen.

Ein häufiges Syndrom von Depression, schlechter Laune und Stress ist das Gefühl, dass nichts Spaß macht und es keine Freude im Leben gibt. Wenn aber Menschen Probleme dieser Art haben und sich Hilfe suchen, kommt dabei oft heraus, dass Sie nur unregelmäßig Hobbys, Veranstaltungen und Aktivitäten nachgehen, die ihnen wirklich Freude bereiten. Es gibt einen Punkt im Leben, an dem ein übermächtiges Verantwortungsgefühl sowie das Hin und Her des Arbeitslebens ihnen den Sinn für Freude nehmen und sie aufhören, das zu tun, was ihnen Spaß macht.

Wenn Sie also glücklich sein wollen, bestätigen Ihnen sowohl der gesunde Menschenverstand als auch die Wissenschaft, dass Sie etwas tun müssen, was Ihnen Freude bereitet. Versuchen Sie einmal jetzt, genau jetzt, zehn Dinge aufzuschreiben, die Sie wirklich gerne tun. Wieviele davon tun sie wöchentlich? Wenn Sie nicht ganz auf zehn kommen, versuchen Sie auch solche Aktivitäten und Hobbys miteinzubeziehen, die Ihnen Spaß machen würden, wenn Sie ihnen nachgehen könnten.

Und nun brauchen Sie bloß einfach etwas Platz zu schaffen, um diesen Aktivitäten in der Woche nachzugehen. Das Leben mag schwer und geschäftig sein, aber wenn Ihr Leben so stresserfüllt und übertaktet ist, dass Sie nicht einmal ein bis zwei Stunden zweimal in der Woche freimachen können, um etwas zu tun, was Ihnen Spaß macht, dann müssen Sie sich fragen, ob Sie nicht die falschen Prioritäten setzen und der Arbeit zuviel Platz einräumen.

Wenn Sie darüber hinaus Zeit für diese Hobbys freimachen, müssen Sie sich auch erlauben, dabei keine Schuldgefühle zu empfinden. Das ist schließlich *Ihre* Zeit. Allzu oft können die Leute Ihre Freizeit nicht genießen, weil Sie dem Stress und der Hektik Ihres Alltagslebens auch in Ihren heiligen Mußestunden gestatten, das Zepter zu führen. Anstatt sich gut zu fühlen, dass sie etwas tun, das sie lieben, fühlen sie sich stattdessen schuldig, gestresst und schämen sich, dass sie nichts Produktives tun.

Sie müssen sich aber anstrengen, dieses Gefühl zu bannen. Indem Sie sich nämlich erlauben, sich ab und an mal zu entspannen und Spaß zu haben, wird sich Ihre Produktivität und Ihre allgemeine Energie nur steigern. Indem Sie sich die Zeit geben, Dampf abzulassen, erfrischen und stärken Sie Ihren Verstand und können neue Probleme und Herausforderungen angehen.

Natürlich hat die Machbarkeit mancher Hobbys ihre Grenzen. Sie haben vielleicht nicht das Geld, um mit Felsenklettern anzufangen, nicht die Ausdauer, um zu wandern oder nicht genug Platz in der Küche, um zu backen. Mit etwas Mühe wird sich aber immer etwas finden lassen, das Ihnen Spaß macht und den Rahmen Ihrer finanziellen, mentalen und körperlichen Fähigkeiten sprengt. Am besten sollten Sie nach Hobbys und Aktivitäten Ausschau halten, die wenig Mühe, Einsatz und Ausgaben erfordern, aber trotzdem die Laune aufbessern. Ein einfacher Spaziergang in der Natur, ein Kaffee mit Freunden oder ein Abend im Kino erfordern keine große Mühe und sind auch nicht teuer, können aber doch darüber entscheiden, ob Sie Ihr Leben genießen oder daran verzweifeln.

Fazit

Für viele Menschen ist die Suche nach dem Glück der ganze Zweck des Lebens. Obwohl Glück aber eigentlich der größte Antrieb für viele ist, wird über das Thema erstaunlich wenig direkt gesprochen. Das heißt nicht, dass es nicht eine kaum übersehbare Menge an Selbsthilfeliteratur gäbe, allerdings konzentrieren sich diese Ratgeber meist eher auf andere Ziele wie Erfolg, Produktivität, finanziellen Gewinn, Spiritualität, Führungsqualität usw. Man scheint irgendwie davon auszugehen, dass das Glück eher eine Begleiterscheinung all dieser Ziele sei, obwohl diese These den Beweis ihrer Richtigkeit noch schuldig geblieben ist und auch selten in Frage gestellt wird. Wenn diese Dinge nämlich letztlich nicht zum Glück führen, warum sollte man dann nach ihnen streben ?

Dieser Ratgeber geht anders an die Sache heran. Anstatt stillschweigend davon auszugehen, dass bestimmte Eigenschaften zum Glück führen, konzentriert sich dieses eBook darauf, was Wissenschaft und Psychologie über Menschen herausgefunden haben, die tatsächlich glücklich sind. Indem wir echtes Glück und die Menschen, die es leben, beobachten, können auch wir vielleicht ihre Geheimnisse enthüllen.

Auf unserer Reise haben wir viele verschiedene Charakterzüge und Eigenschaften kennengelernt. Das Leitmotiv ist dabei, dass Glück nicht das direkte Ergebnis einer bestimmten Reihe von Handlungen ist, sondern einer Reihe von miteinander verbundenen Eigenschaften, die diese Handlungen leiten. Es gibt leider keinen wirklich empfehlenswerten Ratgeber à la „Versöhnlichkeit in fünf Schritten" oder „Dankbar werden in zwei Wochen". Diese Eigenschaften müssen durch Zeit, Mühe und Konsequenz herangebildet werden, selbst wenn es dabei einige Tipps und Tricks gibt, die den Prozess etwas erleichtern.

Wir haben auch die Wichtigkeit von Gewohnheiten entdeckt. Als automatisiertes Verhaltens- und Denkmuster steuern sie den Kurs eines Lebens wie ein halsstarriger Steuermann und bleiben doch ignoriert und unter dem Eisberg des Unbewussten verborgen. Es scheint, als dass wir den Pfad zum Glück nur dadurch verwirklichen können, indem wir uns mit unseren Gewohnheiten bekannt machen, sie analysieren, durchbrechen und sie durch bessere Alternativen ersetzen.

Ich hoffe, dass Ihnen dieser Ratgeber geholfen hat, die Wichtigkeit von Gewohnheiten zu erkennen und wie sie sich die Gewohnheiten glücklicher Menschen zu eigen machen können, um Ihr eigenes Wohlbefinden zu verbessern. Viel Glück !

www.ingramcontent.com/pod-product-compliance
Lightning Source LLC
Chambersburg PA
CBHW070232290526
45789CB00004B/1597